+ Experimentos
Ciências

Elaine Bueno • Carolina Lamas
Alysson Ramos • Rosangela Borba
Euler de Freitas

Nome: _____

Turma: _____

Escola: _____

Professor: _____

Dados Internacionais de Catalogação na Publicação (CIP)
(Câmara Brasileira do Livro, SP, Brasil)

+ Experimentos: ciências, 5 / Elaine Bueno...[et al.]. – São Paulo:
  Editora do Brasil, 2016.

  Outros autores: Carolina Lamas, Alysson Ramos, Rosangela Borba, Euler de Freitas
  ISBN 978-85-10-06356-2 (aluno)
  ISBN 978-85-10-06357-9 (professor)

  1. Ciências (Ensino fundamental) I. Bueno, Elaine. II. Lamas, Carolina. III. Ramos, Alysson. IV. Borba, Rosangela. V. Freitas, Euler de.

  16-04107   CDD-372.35

Índices para catálogo sistemático:
1. Ciências: Ensino fundamental 372.35

© Editora do Brasil S.A., 2016
Todos os direitos reservados

Direção geral: Vicente Tortamano Avanso
Direção adjunta: Maria Lucia Kerr Cavalcante de Queiroz

Direção editorial: Cibele Mendes Curto Santos
Gerência editorial: Felipe Ramos Poletti
Supervisão editorial: Erika Caldin
Supervisão de arte, editoração e produção digital: Adelaide Carolina Cerutti
Supervisão de direitos autorais: Marilisa Bertolone Mendes
Supervisão de controle de processos editoriais: Marta Dias Portero
Supervisão de revisão: Dora Helena Feres
Consultoria de iconografia: Tempo Composto Col. de Dados Ltda.

Coordenação de edição: Angela Sillos
Edição: Nathalia C. Folli Simões, Rafael Braga de Almeida e Sabrina Nishidomi
Assistência editorial: Ana Caroline Mendonça, Erika Maria de Jesus e Mateus Carneiro Ribeiro Alves
Auxílio editorial: Aline Tiemi Matsumura
Coordenação de revisão: Otacilio Palareti
Copidesque: Ricardo Liberal
Revisão: Ana Carla Ximenes e Maria Alice Gonçalves
Coordenação de iconografia: Léo Burgos
Pesquisa de capa: Léo Burgos
Pesquisa iconográfica: Léo Burgos
Coordenação de arte: Maria Aparecida Alves
Assistência de arte: Carla Del Matto
Design gráfico: Estúdio Sintonia e Patrícia Lino
Capa: Maria Aparecida Alves
Imagem de capa: Camilo Torres/Shutterstock.com
Ilustrações: Estudio Mil, Hélio Senatore, Ilustra Cartoon, Imaginario Studio e Luis Moura
Coordenação de editoração eletrônica: Abdonildo José de Lima Santos
Editoração eletrônica: Wlamir Y. Miasiro
Coordenação de produção CPE: Leila P. Jungstedt
Controle de processos editoriais: Beatriz Villanueva, Bruna Alves, Carlos Nunes e Rafael Machado

1ª edição / 1ª impressão, 2016
Impresso na AR Fernandez Gráfica

Rua Conselheiro Nébias, 887 – São Paulo/SP – CEP 01203-001
Fone: (11) 3226-0211 – Fax: (11) 3222-5583
www.editoradobrasil.com.br

Sumário

O que é uma atividade experimental? 4

Material comum de laboratório 5

Regras de segurança para as atividades 7

Corpo humano e saúde 8

1. Atos reflexos 8
2. Modelos de células de nosso sangue 10
3. Por que o sangue é vermelho? 12
4. Ponto cego 14
5. Testando a sensibilidade da pele 16

Vida e ambiente 18

6. Terrário: construindo um ecossistema 18
7. Qual é a relação entre os seres vivos, seus alimentos e o meio ambiente? 20
8. Simulando a cadeia alimentar 22
9. Construindo um modelo de bioma 24
10. Percebendo a necessidade de economizar água 26
11. Observação de células de planta ao microscópio 28

Universo e tecnologia 30

12. Campo magnético 30
13. Fazendo bolinhas de isopor flutuarem 32
14. Troca de calor entre corpos 34
15. Como ocorrem as estações do ano? 36
16. As fases da Lua 38
17. Estrutura do planeta Terra 40
18. Queda livre 42
19. Condução de eletricidade 44
20. Telégrafo 46

O que é uma atividade experimental?

De modo bem simples, podemos dizer que ciência significa conhecimento ou saber, ou seja, é todo o conhecimento sobre o mundo e os seres que nele vivem obtido pelo estudo ou pela prática, por meio da observação e de testes para ver como as coisas são ou funcionam.

Há muitos modos de compreender os assuntos da ciência.

Em sala de aula, podemos aprendê-los com leituras, conversas com os colegas e explicações do professor. Outro modo de fazer isso é com atividades práticas, reproduzindo fenômenos que ocorrem no dia a dia. Por exemplo, é possível observar como a água muda de estado físico: a água líquida pode se tornar sólida, na forma de gelo, ou pode vaporizar, tornar-se vapor de água, forma em que é invisível.

A atividade experimental é isto: procurar conhecimento por meio de observação e experimentação, que possibilita testar ou comprovar ideias sobre o mundo.

Existem diversos experimentos simples, propostos neste caderno. Você vai gostar de realizá-los, afinal muitos deles procuram esclarecer dúvidas e curiosidades que acompanham a humanidade há muito tempo!

Desse modo, você estará dando passos largos em busca de conhecer melhor o mundo!

Material comum de laboratório

Conheça alguns instrumentos comuns em laboratórios.

- **Microscópio óptico**

Instrumento que amplia a imagem de objetos, materiais ou seres pequenos, geralmente invisíveis a olho nu. É preciso manuseá-lo com cuidado, pois é muito frágil.

Veja a seguir quais são os principais componentes do microscópio e suas funções.

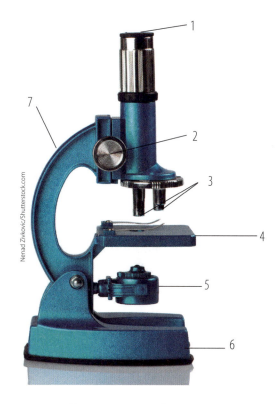

1. Lentes oculares – nelas posicionamos os olhos para visualizar a imagem ampliada do objeto em estudo.
2. Botão macrométrico e botão micrométrico – regulam o foco da imagem, ou seja, ajudam a ajustar a imagem para a melhor visualização.
3. Lentes objetivas – têm diferentes capacidades de aumento. Modificando a posição delas podemos variar o aumento da imagem.
4. Platina – suporte onde se coloca a lâmina que será analisada, fixada com auxílio da pinça.
5. Lâmpada – fornece a luz necessária para a visualização da lâmina.
6. Base – dá suporte para todo o aparelho.
7. Braço – parte onde seguramos o microscópio para transporte. Articula todas as partes desse instrumento.

Como usar o microscópio óptico

Prepare em lâmina o material a ser analisado e coloque-a na platina. Ligue o microscópio para que a luz passe pela lâmina.

De acordo com o aumento desejado, escolha a lente objetiva, através da qual será possível ver a amostra. Depois, para melhorar a visualização da imagem, faça um ajuste com os botões macro e micrométrico.

- **Tubo de ensaio**
Tubo de vidro utilizado para misturar ou armazenar substâncias durante e após os experimentos.

Tubos de ensaio.

- **Becker**
Recipiente de vidro ou plástico transparente usado para misturar ou medir substâncias.

Becker.

- **Erlenmeyer**
Recipiente de vidro ou plástico transparente de forma cônica utilizado para armazenar ou misturar substâncias. Seu formato evita que o líquido contido em seu interior espirre para fora.

Erlenmeyer.

- **Lupa**
Serve para ampliar a imagem de objetos e seres visíveis a olho nu.

- **Lâmina**
Pequeno retângulo fino de vidro em que são depositados e às vezes misturados os diversos materiais a serem visualizados em microscópio.

- **Lamínula**
Utilizada em conjunto com as lâminas, a lamínula é um pequeno retângulo de vidro mais fino que a lâmina e é usado para cobrir os materiais a serem visualizados em microscópio.

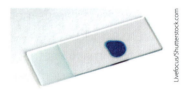
Lâmina com lamínula.

- **Funil**
Objeto utilizado para filtrar ou transferir substâncias entre recipientes.

- **Papel-filtro**
Papel poroso apropriado para coar, filtrar ou separar substâncias.

- **Balança**
Instrumento produzido para medir a massa dos corpos; pode ser eletrônica ou analógica.

- **Pinça**
Instrumento útil para pegar objetos.

Regras de segurança para as atividades

Durante a realização de um experimento, é preciso usar alguns instrumentos ou materiais e substâncias que podem trazer riscos à saúde ou ao equilíbrio do ambiente.

Por isso, preste atenção nos símbolos que acompanham vários produtos de laboratório ou produtos que usamos no dia a dia. Mesmo que o experimento ou a observação seja simples e feito fora do laboratório, é necessário muito cuidado durante a realização para evitar acidente.

Regras de segurança

Mantenha-se afastado de fontes de aquecimento, de chamas e de **substâncias inflamáveis** – como álcool, gasolina e tintas –, porque elas podem causar queimaduras ou incêndios.

Não manuseie nem aspire **substâncias tóxicas** ou **venenosas**. Elas devem ser evitadas. São exemplos os pesticidas e o mercúrio dos termômetros. Quando tiver qualquer dúvida, peça ajuda ao professor.

Evite o contato com **substâncias corrosivas**, que podem irritar a pele, os olhos e destruir materiais como o tecido das roupas. Elas podem estar presentes em líquidos para o desentupimento de canos e para a limpeza de banheiros.

Evite ficar em locais em que haja substâncias cujas embalagens tenham símbolos como este, que identifica as **substâncias radioativas**.

Todos os dias corremos o risco de intoxicação com substâncias tóxicas comuns em ambientes do cotidiano, por isso tome cuidado com elas. Não inale (ou seja, nunca aspire profundamente) produtos como vapor de gasolina, fumaça negra, gás de cozinha, tinta, esmalte ou acetona; não leve à boca alimentos deteriorados, produtos de limpeza, inseticidas ou remédios não receitados por médico. Evite encostar em plantas venenosas ou aproximar-se de insetos ou animais peçonhentos, como cobra, escorpião e aranha.

Corpo humano e saúde

1. Atos reflexos

O sistema nervoso é responsável pelos atos que realizamos, tanto os voluntários quanto os involuntários. As ações ou atos reflexos de nosso organismo são um mecanismo de defesa diante de situações perigosas; eles indicam, também, se o estado de nosso sistema nervoso está regular ou não.

Material:
- cadeira alta ou mesa;
- régua de 30 cm de madeira ou de plástico.

Como fazer
O experimento é dividido em duas partes.

Parte A

1. Sente-se em uma cadeira alta ou uma mesa, de modo que seus pés não encostem no chão.
2. Mantenha as pernas imóveis, relaxadas.
3. Usando a régua ou então a lateral da mão, o professor dará uma batida leve e rápida na região inferior de seu joelho (logo abaixo da patela, ver figura 1).
4. Preste atenção na reação de sua perna.

Figura 1.

Parte B

1. Forme dupla com um colega.
2. Segure na ponta da régua, na medida dos 30 cm. Peça ao colega que posicione a mão aberta na altura da medida 0 cm da régua, de modo que ela fique entre os dedos indicador e polegar, deixando um espaço de cerca de 3 cm entre cada dedo e a régua (figura 2).
3. Em seguida solte a régua, sem avisar o colega, para que ele a segure.
4. Anote, na página a seguir, a medida da escala em que a régua ficou presa entre os dedos do colega.
5. Repita duas vezes os procedimentos 3 e 4.
6. Inverta de posição com o colega e repita todos os procedimentos.

Figura 2.

Registro dos resultados e conclusão

Nome: _____
Turma: _____ Data: _____/_____/_____

1 Na parte A do experimento, sua perna se moveu? Se isso ocorreu, foi por sua vontade ou não?
_____
_____
_____

2 Complete a tabela abaixo com as medidas obtidas na parte B do experimento. Depois, calcule a média aritmética para cada caso.

Altura em que a régua foi presa	
1ª vez	_____ cm
2ª vez	_____ cm
3ª vez	_____ cm
Média	_____ cm

3 Compare as médias das medidas obtidas por você com as médias das medidas dos colegas. Você acha que essas medidas podem indicar se a reação de vocês é mais ou é menos rápida?
_____
_____
_____

4 Por que a média aritmética das medidas representa um valor mais preciso que apenas uma medida?
_____
_____
_____

5 Cite outros movimentos feitos por seu corpo sem que você dê o comando voluntariamente, ou seja, que sejam atos reflexos do sistema nervoso.
_____
_____
_____

2. Modelos de células de nosso sangue

Você conhece os tipos de células que compõem nosso sangue e como elas são?

Pesquise esse assunto e responda às questões da página seguinte. Para a pesquisa, além do livro didático, você pode recorrer à internet.

- Dicas: <www.hemosc.org.br/sangue> e <www.youtube.com/watch?v=KeiKtRQjz6o> (acesso em: 25 nov. 2015).

Depois, você representará as principais células que, em conjunto, formam o sangue.

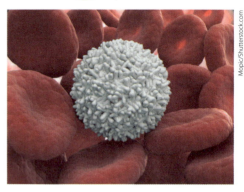

Ilustração de uma célula branca e diversas células vermelhas do sangue. Imagem representa as células ampliadas cerca de 4 000 vezes.

Material:

- argila;
- palito de dente;
- tinta guache nas cores vermelha e branca;
- pincel.

Como fazer

1. Separe a argila em duas partes iguais: uma para moldar os glóbulos vermelhos (ou células vermelhas) e outra para moldar os glóbulos brancos (ou células brancas).

2. Para representar os glóbulos vermelhos, faça bolinhas com a argila e aperte o centro delas, deixando-as achatadas (figura 1).

3. Para representar os glóbulos brancos, faça esferas (cerca de 10% maiores que as esferas do procedimento 2) e use o palito para cobri-las de furinhos por toda a superfície (figura 2).

4. Agora que as células já estão modeladas, espere que elas endureçam para pintá-las com tinta guache. Use a tinta vermelha para os glóbulos vermelhos e a branca para os glóbulos brancos.

5. Finalmente, junte suas células com as de seus colegas, coloquem-nas em uma caixa e utilizem esse material como apoio quando forem estudar o sistema cardiovascular e o sangue.

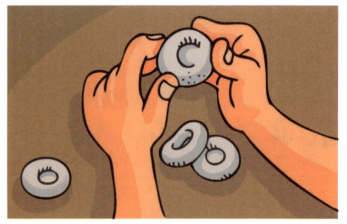

Figura 1.

Figura 2.

10

Registro dos resultados e conclusão

Nome: _____
Turma: _____ Data: _____/_____/_____

1 Quais são os principais componentes do sangue? Escreva algumas das características deles.
_____
_____
_____
_____
_____
_____
_____
_____
_____

2 A célula vermelha do sangue tem um formato peculiar. Pesquise qual é esse formato.
_____
_____

3 Qual é a função das células vermelhas do sangue (glóbulos vermelhos)?
_____
_____
_____
_____

4 Qual é a função das células brancas (glóbulos brancos)?
_____
_____
_____

5 As células do sangue são muito pequenas. Uma gota de sangue, por exemplo, tem milhões de células. Como podemos vê-las?
_____
_____

3. Por que o sangue é vermelho?

O sangue é constituído de tipos distintos de célula, cada qual com suas características, como forma, tamanho e cor.

Nesta atividade, você trabalhará com esta questão: Por que nosso sangue é vermelho, se além das células vermelhas ele tem componentes com outras cores?

Antes de iniciar, tente responder a essa pergunta; depois, faça a atividade prática a seguir.

Material:
- 2 folhas de papel sulfite;
- lápis ou giz de cera vermelho;
- régua de 30 cm;
- lápis.

Como fazer
1. Forme uma dupla com um colega.
2. Com auxílio da régua desenhem o contorno de uma faixa com cerca de 8 cm de largura em cada folha de sulfite.
3. Em uma das folhas pintem completamente a faixa com o lápis ou giz de cera vermelho.
4. Na outra folha façam pequenas bolinhas vermelhas com o lápis. Elas devem ser bem pequenas e estar próximas umas das outras, com o mínimo possível de espaço branco entre elas.
5. Peça ao colega que segure as duas folhas, uma ao lado da outra, e se afaste de você a uma distância de, no mínimo, 15 passos. Quanto mais longe melhor!
6. Observe se você encontra diferenças entre as faixas das folhas. Anote suas observações.
7. Peça ao colega que se mova em sua direção, caminhando devagar, até ficar bem próximo, a uns dois passos de você. Observe se agora percebe alguma diferença de cor entre as faixas das duas folhas.
8. Invertam de posição e repitam os passos 5, 6 e 7.
9. Conversem entre si e façam as anotações de suas observações.

Registro dos resultados e conclusão

Nome: _____

Turma: _____ Data: _____/_____/_____

1 Você percebeu alguma diferença entre as faixas quando o colega estava distante de você? Explique.

_____
_____
_____

2 Explique se, quando você se aproximou bastante de seu colega, foi possível perceber diferenças entre as faixas coloridas das duas folhas.

_____
_____
_____

3 Qual célula do sangue tem coloração vermelha?

_____

4 Escreva um texto sobre como essa atividade pode explicar o motivo de o sangue ser vermelho.

_____
_____
_____
_____
_____

5 A distância entre as folhas e vocês pode ser comparada ao aumento da visualização de objetos em vários tipos de equipamentos de lente. Quais são esses equipamentos? Explique como eles podem auxiliar nessa visualização.

_____
_____
_____
_____
_____

4. Ponto cego

Nossos olhos recebem a luz gerada ou refletida por objetos, seres vivos e paisagens a nosso redor. Essa luz é captada por sensores nervosos localizados nos olhos e levada até o cérebro por nervos. No cérebro são formadas as imagens. Será que nossa visão consegue perceber a imagem de tudo o que está a nossa frente?

Ao fazer este experimento, você saberá a resposta.

Material:
- 2 pedaços de cartolina de aproximadamente 15 cm × 25 cm;
- canetas hidrocor.

Como fazer

Parte A

1. Desenhe em uma das cartolinas uma estrela à esquerda e um quadrado à direita, centralizados e distantes aproximadamente 10 cm um do outro. Faça o quadrado com 4 cm de lado e a estrela aproximadamente do mesmo tamanho.
2. Tampe bem o olho esquerdo com a mão esquerda e, com o olho direito, observe fixamente a estrela.
3. Segure a cartolina a aproximadamente 40 cm do rosto e aproxime-a lentamente, sem desviar os olhos da estrela.
4. O que acontece com a imagem do quadrado em determinado momento?
5. Ao voltar a movimentar a cartolina, o que acontece?

Parte B

1. Faça três desenhos no outro pedaço de cartolina: um círculo à esquerda, um X no meio e um triângulo à direita, bem afastados um do outro.
2. Do mesmo modo que no procedimento 1, tampe o olho esquerdo e olhe fixamente para o círculo.
3. Segure a cartolina a 40 cm do rosto e comece a aproximá-la devagar, sem tirar os olhos do círculo.
4. Observe o que ocorre com o X e com o triângulo.

Registro dos resultados e conclusão

Nome: _____
Turma: _____ Data: _____/_____/_____

1 O que você observou enquanto aproximava a cartolina do rosto na parte A do procedimento?
_____
_____
_____

2 Na parte B, o que ocorreu com os desenhos da cartolina?
_____
_____
_____
_____

3 Como você explica os fatos ocorridos?
_____
_____
_____
_____
_____
_____
_____
_____

4 Qual foi sua conclusão após realizar a observação?
_____
_____
_____
_____
_____

5 Compare sua hipótese inicial com o resultado observado e comente suas conclusões com os colegas.

15

5. Testando a sensibilidade da pele

O sistema nervoso é o responsável, entre outras funções, pela interpretação dos estímulos do ambiente que percebemos com a ajuda dos órgãos dos sentidos. A sensação do tato, por exemplo, ocorre através de nervos localizados na pele, que recebem estímulos do ambiente e os transmitem ao cérebro, onde são interpretados.

Será que percebemos com a mesma precisão os estímulos que recebemos pela pele, independentemente da região do corpo que ela reveste?

Material:
- canetas hidrocor de duas cores diferentes (A e B);
- régua.

Como fazer
1. Forme dupla com um colega; o professor acompanhará a atividade de vocês.
2. Peça ao colega que feche completamente os olhos e assim permaneça durante todo o tempo da observação.
3. Pegue a caneta de cor A e marque um ponto na ponta do dedo indicador esquerdo do colega, que deverá estar com a palma da mão voltada para cima.
4. Em seguida, coloque a caneta de cor B na mão direita dele e peça que marque um ponto no local do indicador esquerdo onde você marcou anteriormente.
5. Realize o mesmo procedimento no meio da palma da mão do colega e na lateral do tronco.
6. Meça, com uma régua, a distância entre cada par de pontos e anote os resultados no quadro da página seguinte.
7. Troquem de posição e repitam o procedimento.

Registro dos resultados e conclusão

Nome: _____

Turma: _____ Data: _____/_____/_____

1 Anote abaixo os resultados obtidos.

	Distâncias medidas em você	Distâncias medidas no colega
ponta do dedo		
palma da mão		
lateral do tronco		

2 Compare seus resultados com os do colega. Em que região do corpo as distâncias foram menores?
_____
_____
_____

3 Em que região do corpo você sentiu mais facilidade em localizar o ponto marcado pelo colega? E em qual região você sentiu mais dificuldade?
_____
_____
_____

4 Qual é a relação entre as distâncias encontradas e a sensibilidade da região testada?
_____
_____
_____

5 Considerando que regiões mais sensíveis têm mais nervos, em qual das regiões testadas há maior concentração de nervos? Explique.
_____
_____
_____
_____

Vida e ambiente

6. Terrário: construindo um ecossistema

Terrário é um local fechado que simula um ambiente natural.

Nesta atividade, você montará um terrário e observará algumas interações de seres vivos entre si e com o ambiente.

Material:

- garrafa plástica cortada;
- folha ou sacola plástica transparente;
- fita transparente;
- plantas pequenas (musgo ou grama);
- areia;
- carvão ativado;
- terra preta (de jardim);
- pedras pequenas;
- sementes de feijão;
- galhinhos de plantas e folhas secas;
- pedaço de tomate;
- água.

Como fazer

1. Coloque as pedras na garrafa de plástico cortada na vertical e cubra-as com uma camada de aproximadamente 2 cm de areia.
2. Coloque uma camada fina de carvão ativado por cima da camada de areia (esse material absorve impurezas no interior dos seus poros, evitando odores e apodrecimento das raízes).
3. Cubra a camada de carvão com uma camada de terra de jardim com cerca de 4 cm de espessura.

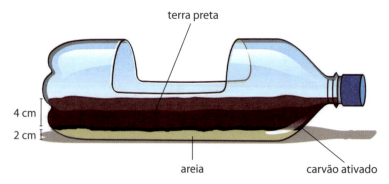

4. Plante na terra as sementes de feijão e as plantas pequenas.
5. Por cima, espalhe os galhinhos, as folhas secas e o pedaço de tomate.
6. Regue o terrário devagar e com cuidado, de forma que não fique encharcado. Pare de regá-lo assim que a água atingir a camada de areia.
7. Feche a parte aberta do terrário com o plástico transparente e a fita adesiva.
8. Mantenha o terrário em local iluminado, mas não diretamente exposto aos raios solares, por pelo menos 15 dias. Cheque a umidade da terra a cada três dias e, se necessário, adicione mais água.

Registro dos resultados e conclusão

Nome: _____

Turma: _____ Data: _____ / _____ / _____

1 Escreva, a cada três dias, o que ocorreu de mais importante com os componentes vivos e os não vivos do terrário.

Dia	Elementos vivos	Elementos não vivos
3º		
6º		
9º		
12º		
15º		

2 A água é encontrada na natureza nos estados físicos sólido, líquido e gasoso. O que você percebeu em relação às mudanças do estado físico da água no terrário?

_____
_____
_____
_____

3 O que ocorreu com as sementes de feijão?

_____
_____
_____

4 O que ocorreu com os pedaços de folha e de tomate deixados no terrário? Explique.

_____
_____
_____
_____

7. Qual é a relação entre os seres vivos, seus alimentos e o meio ambiente?

Os animais fazem parte do ambiente e estão em constante interação com outros fatores ambientais quando realizam as funções de respiração e alimentação. Você saberia apontar algumas dessas interações entre os animais e o meio ambiente? Anote-as.

Material:

- revistas, jornais ou imagens da internet impressas;
- tesoura sem ponta;
- plástico transparente adesivo;
- lápis de cor;
- cola bastão;
- folhas de cartolina.

Como fazer

1. Forme um grupo com os colegas.
2. Procurem em revistas, jornais ou na internet imagens de plantas, algas e animais diversos, incluindo herbívoros, carnívoros e onívoros. Vocês devem ter no mínimo a quantidade de imagens a seguir: 5 produtores, 5 consumidores primários, 5 consumidores secundários e 5 consumidores terciários.
3. Colem as imagens na cartolina e depois as recortem como se fossem cartões. Padronizem a medida dos cartões para que todos tenham aproximadamente o mesmo tamanho.
4. Desenhem 15 flechas coloridas na cartolina e as recortem.
5. Peçam ajuda de um adulto para encapar os cartões e as flechas com o plástico adesivo transparente.
6. Organizem os cartões em grupos: produtores, consumidores primários, consumidores secundários e consumidores terciários.
7. Montem exemplos de cadeias alimentares sobre a mesa, utilizando os cartões e as setas.

Registro dos resultados e conclusão

Nome: _____
Turma: _____ Data: _____/_____/_____

1 Represente no quadro abaixo as cadeias alimentares que você construiu, escrevendo o nome dos componentes. Depois, identifique a classificação do organismo em: produtor ou consumidor (primário, secundário ou terciário).

2 Explique em um breve texto as alterações no ambiente que podem interferir na cadeia alimentar.
_____
_____
_____
_____

3 Como podemos contribuir para manter o equilíbrio das cadeias alimentares na natureza?
_____
_____
_____

8. Simulando a cadeia alimentar

Em um ecossistema os seres vivos dependem uns dos outros para se alimentar. Nesse processo, eles formam as cadeias alimentares, que relacionam seres produtores (plantas), consumidores (animais herbívoros ou carnívoros) e decompositores.

O que ocorreria se houvesse alteração na quantidade de seres de um desses grupos? Faça esta simulação para saber.

Material:

- 3 pedaços de fita de 15 cm para cada aluno da turma (30 verdes, 30 amarelos e 30 vermelhos);
- fotografia ou desenho de capim, capivara e onça-pintada;
- saco plástico ou de tecido na cor preta.

Como fazer

1. Montem, no mural da sala ou no quadro de giz, uma cadeia alimentar com o capim, a capivara e a onça-pintada.
2. O professor colocará os pedaços de fita no saco plástico e cada aluno vai retirar um pedaço. Quem tirar fita verde será capim; amarela, será capivara; e vermelha, será onça-pintada.
3. Amarrem a fita sorteada no pulso de cada um de vocês.
4. No pátio da escola, separem-se conforme o desenho a seguir: as onças-pintadas no centro, as capivaras em torno delas e os capins espalhados por todos os lugares.

5. Quando o professor apitar, cada onça-pintada deve pegar uma capivara, formando uma dupla. Quem for capivara, por sua vez, deve pegar um capim (que estará sentado imóvel no chão), formando outra dupla.
6. Os alunos que formaram duplas não poderão mais ser pegos. Ficarão parados até o professor apitar novamente.
7. Anotem no quadro da página seguinte quantos representantes de cada grupo restaram.
8. Para a rodada seguinte, mudam-se os papéis. Os capins pegos serão capivaras e as capivaras pegas serão onças-pintadas. Quem não conseguiu pegar ninguém será capim. Troquem de fita.
9. Repitam os procedimentos. Serão ao todo dez rodadas.

Registro dos resultados e conclusão

Nome: _____

Turma: _____ Data: _____ / _____ / _____

1 Preencha o quadro com o número de representantes que restou em cada rodada.

Rodada	Nº de capins	Nº de capivaras	Nº de onças-pintadas
1ª			
2ª			
3ª			
4ª			
5ª			
6ª			
7ª			
8ª			
9ª			
10ª			

2 Por que quem conseguiu alimento ganhou um membro a mais no grupo na rodada seguinte e quem não conseguiu virou capim? Para responder, lembre-se do papel dos decompositores na cadeia alimentar.

_____
_____

3 Quando a quantidade de membros de um grupo diminuiu, o que ocorreu com os outros grupos?

_____
_____

4 Na natureza muitas vezes as ações humanas podem eliminar um grupo de seres vivos. O que ocorre com os demais grupos da cadeia alimentar nesse caso?

_____
_____
_____

9. Construindo um modelo de bioma

Nesta atividade, você e seus colegas vão construir um modelo do bioma Mata Atlântica, com algumas das espécies que o habitam. Antes de começar, reflita sobre esta questão: Quando modificamos um bioma – por exemplo, retirando a mata –, isso pode trazer consequências para os seres que vivem nele? Quais seriam elas?

Material:

- quadrado de isopor de aproximadamente 50 cm × 50 cm × 2 cm;
- papel crepom nas cores verde, marrom e azul;
- tesoura sem ponta;
- massa de modelar de cores variadas (ou argila e tintas guache);
- 50 palitos de sorvete;
- 20 canudinhos plásticos (de preferência os mais resistentes);
- materiais reutilizáveis variados (sucata);
- cola.

Como fazer

1. Para fazer a maquete, pesquisem fotografias de plantas e animais da Mata Atlântica, como o muriqui, a arara-azul, o jacaré-de-papo-amarelo, a capivara e a onça-pintada.
2. Cubram a placa de isopor com o papel verde para simular a grama e o azul para simular um rio. Façam bolinhas com o papel verde para simular os arbustos e espalhem-nas pela maquete.
3. Para fazer as árvores, enfiem os palitos no isopor e recubram-no com massa de modelar marrom para simular um tronco. Façam os galhos com pedaços de canudinhos e enfiem-nos no tronco, fixando-os com massa e envolvendo-os com papel marrom. Façam as folhas com bolinhas de papel.
4. Construam vários modelos de árvore e espalhem pela maquete.

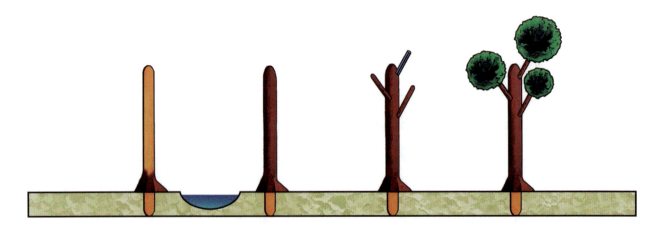

5. Agora modelem os animais, sempre mais de um para cada espécie. Coloquem-nos em locais adequados: o muriqui e a arara-azul nas árvores; a capivara e o jacaré-de-papo-amarelo perto do rio ou dentro dele; etc.
6. Preencham a maquete com outros elementos da floresta, como pedras, flores (nos arbustos e árvores) e outros tipos de planta.

Registro dos resultados e conclusão

Nome: _____
Turma: _____ Data: _____/_____/_____

1 Com base em sua pesquisa sobre a Mata Atlântica, responda: Existem muitos seres vivos que habitam esse bioma? Quais seres você escolheu para compor sua maquete?

_____
_____
_____
_____
_____

2 Observe a maquete da Mata Atlântica. Se o rio fosse poluído, tornando-se impróprio para os animais, quais deles seriam afetados inicialmente? E depois, que consequências isso poderia ter para os demais seres vivos desse bioma?

_____
_____
_____
_____
_____

3 Se metade das árvores da Mata Atlântica fosse retirada para a venda da madeira, o que ocorreria com os animais que habitavam essas árvores? E com os outros animais?

_____
_____
_____
_____
_____

4 Observando a maquete, você diria que os animais dependem das plantas apenas para a alimentação?

_____
_____
_____

10. Percebendo a necessidade de economizar água

Se dois terços da superfície de nosso planeta são cobertos por água, por que é tão importante economizá-la? Será que o simples gotejamento de uma torneira pode desperdiçar um volume de água suficiente para o consumo de várias pessoas?

Parte A

Material:
- garrafa PET de 2 L com tampa;
- 2 copos plásticos de café (capacidade para 50 mL);
- conta-gotas;
- água.

Como fazer
1. Encha a garrafa com água.
2. Retirando parte da água dessa garrafa, coloque aproximadamente 50 mL de água no copo.
3. Usando o conta-gotas, retire do copo 20 mL de água e coloque-os na tampa.

Parte B

Material:
- torneira ligada à rede de água;
- balde;
- relógio com cronômetro (pode ser de telefone celular);
- béquer ou outro recipiente com capacidade de 1 L.

Material do experimento.

Como fazer
1. Abra uma torneira cuidadosamente de modo que ela goteje com intervalo de 2 a 3 segundos entre uma gota e outra.
2. Coloque um balde para coletar a água e inicie a contagem de tempo.
3. Depois de meia hora, transfira o volume do balde para o béquer e meça o volume de água coletado.

Registro dos resultados e conclusão

Nome: _____

Turma: _____ Data: _____ / _____ / _____

Parte A

1 Supondo que toda a água da Terra esteja representada na garrafa de 2 L, complete o quadro abaixo com desenho dos recipientes usados.

Quantidade de água na Terra (*)	total (100%)	água doce (2,5%)	água doce líquida disponível em rios, lagos e aquíferos (1%)
Recipiente			

(*) Valores aproximados.

2 Observando a quantidade de água nos recipientes, converse com os colegas sobre se as ideias iniciais de vocês a respeito da quantidade de água disponível para o consumo em relação ao total de água no planeta foram confirmadas ou não.

Parte B

3 Calcule o volume de água que poderia ser desperdiçado se a torneira ficasse aberta:

a) por uma hora: _____ ;

b) por um dia: _____ ;

c) por um mês: _____ ;

d) por um ano: _____ .

4 Conclua se precisamos ou não economizar água e, se considerar que sim, troque ideias com o professor e os colegas e escreva abaixo três medidas importantes para economizá-la.

_____
_____
_____
_____
_____

11. Observação de células de planta ao microscópio

Nosso corpo, assim como o dos demais seres vivos, é constituído de células.
Neste experimento, você vai observar células de elódea, uma planta de uso comum em aquários.

Material:

- folha nova de elódea (encontrada em loja de material para aquário);
- água;
- microscópio óptico de mesa;
- lâmina e lamínula de vidro;
- pinça;
- lenço ou guardanapo de papel;
- conta-gotas.

Como fazer

1. Para observar as células de elódea, pingue uma gota de água sobre a região central da lâmina usando o conta-gotas.
2. Coloque uma folha de elódea sobre a gota de água.
3. Posicione um lado da lamínula sobre a lâmina, deitando-a com cuidado sobre a elódea de modo a evitar que se formem muitas bolhas de ar.
4. Pressione a lamínula com a pinça, levemente, para retirar as possíveis bolhas de ar e passe um guardanapo de papel em volta da lâmina, pressionando-o levemente para retirar o excesso de água.
5. Leve a lamínula ao microscópio e ajuste o foco utilizando as lentes objetivas para ver a estrutura da folha, começando pelos menores aumentos da imagem. Por exemplo, programe um aumento de 5 vezes, depois 20 vezes, 100 vezes etc. Depois, amplie as imagens para ver as células. Anote alguns dos aumentos.

Parte da elódea, uma planta aquática, com caule e folhas.

Dica: se possível, consulte um tutorial de como usar um microscópio em: <www.youtube.com/watch?v=aAwgwQKHmDM>. Acesso em: 26 nov. 2015.

Registro dos resultados e conclusão

Nome: _____
Turma: _____ Data: _____/_____/_____

1 Desenhe uma das imagens que você observou no microscópio.

2 Identifique os aumentos realizados por meio do microscópio que possibilitaram a visualização de algumas imagens e registre-os abaixo.

_____
_____
_____
_____

3 Que forma têm as células da folha que você observou? Todas elas são iguais em tamanho?

_____
_____
_____
_____

Universo e tecnologia

12. Campo magnético

Os ímãs são formados por determinados materiais que apresentam propriedades magnéticas. Por propriedade magnética se entende a capacidade que um objeto tem de atrair outros objetos. Você já sabe que os ímãs atraem objetos feitos de alguns metais, como o ferro. Mas você sabia que é possível visualizar as regiões em que o campo magnético gerado pelo ímã é mais intenso?

Material:
- ímã;
- papel-cartão ou papelão;
- tesoura sem ponta;
- limalha de ferro (pó de ferro);
- régua de 30 cm.

Como fazer
1. Recorte um quadrado de papel-cartão com cerca de 20 cm de lado.
2. Coloque o ímã em cima de uma mesa horizontal e centralize o papel em cima do ímã.
3. A partir de uma altura de cerca de 10 cm, polvilhe a limalha de ferro com cuidado em cima do papel.
4. Observe o que ocorre.
5. Movimente horizontalmente o papel em cima do ímã e observe o que ocorre com a limalha de ferro. Use as duas mãos para que a limalha de ferro não escorra.

Registro dos resultados e conclusão

Nome: _____
Turma: _____ Data: _____/_____/_____

1 A forma em linhas com que a limalha de ferro ficou na folha descreve uma área de atuação do ímã. Desenhe abaixo as linhas que foram formadas em determinado momento. O que essas linhas indicam?

2 E o que ocorreu quando você movimentou o papel em cima do ímã?
_____
_____
_____
_____

3 Converse com os colegas sobre alguns objetos de nosso cotidiano que usam ímã em seu funcionamento.
_____
_____
_____
_____

13. Fazendo bolinhas de isopor flutuarem

Fazer um objeto flutuar parece ser um bom truque de mágica, mas será que existe explicação científica para esse truque?

Como a ciência poderia explicar os movimentos das bolinhas de isopor que veremos agora?

Material:

- garrafa plástica de 500 mL transparente;
- bolinhas de isopor bem pequenas em quantidade que dê para encher um terço da garrafa.

Como fazer

1. Pegue a garrafa plástica, limpa e seca, e retire a tampa.
2. Coloque as bolinhas de isopor dentro da garrafa, até que aproximadamente um terço dela fique preenchido.

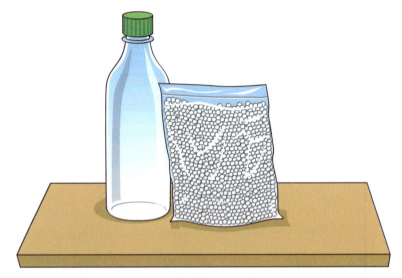

3. Tampe a garrafa e agite-a para cima e para baixo por cerca de 20 segundos.
4. Depois de agitar, vire a garrafa de cabeça para baixo e observe o que acontece.

Registro dos resultados e conclusão

Nome: _____
Turma: _____ Data: _____/_____/_____

1 O que ocorreu quando a garrafa foi virada?
_____

2 Faça um desenho que represente essa situação.

[   ]

3 Qual força pode ter agido nesse experimento?
_____
_____

4 Explique em poucas palavras o processo que se deu nesse experimento. O que ocorreu com as bolinhas? Por quê?
_____
_____
_____
_____

5 Reveja suas hipóteses e compare-as com os resultados obtidos. O que você aprendeu com esse experimento?
_____
_____
_____

14. Troca de calor entre corpos

Existem materiais que são isolantes térmicos, os quais dificultam a troca de calor; outros são os condutores, que facilitam a transmissão de calor. Você conhece alguns desses materiais? Faça o experimento a seguir para verificar os materiais que apresentam diferenças na condução do calor.

Material:
- papel-alumínio;
- tapete felpudo pequeno;
- tesoura sem ponta.

Como fazer

1. Pegue o rolo de papel-alumínio e recorte um retângulo de aproximadamente 20 cm de base e 30 cm de comprimento.
2. Coloque o pedaço de papel-alumínio no chão, de preferência sobre um piso de cerâmica.
3. Coloque o tapete ao lado do papel-alumínio.
4. Retire os sapatos e as meias e coloque um pé sobre o tapete e o outro sobre o papel-alumínio.
5. Preste atenção na sensação de temperatura dos dois materiais.
6. Anote os resultados.

Registro dos resultados e conclusão

Nome: _____
Turma: _____ **Data:** _____/_____/_____

1 Você sentiu diferença na sensação térmica ao entrar em contato com o piso através dos dois materiais? Explique.

_____
_____
_____
_____

2 Você acha que há diferença da temperatura do piso entre os locais em que está cada um dos pés? Explique.

_____
_____
_____
_____

3 Com base nos resultados obtidos, responda: Qual desses materiais é o melhor condutor térmico (conduz bem o calor) e qual é o melhor isolante?

_____
_____
_____

4 Dê pelo menos dois exemplos em que materiais condutores são úteis.

_____
_____
_____

5 Em quais casos os isolantes podem ser úteis? Dê pelo menos dois exemplos.

_____
_____
_____
_____

15. Como ocorrem as estações do ano?

As estações do ano são: outono, inverno, primavera e verão. Você sabe por que elas se sucedem ao longo do ano? Faça o experimento a seguir para observar como elas são determinadas.

Material:

- bola de isopor grande, com no mínimo 10 cm de diâmetro;
- canetas hidrocor;
- palito (espeto) de churrasco;
- uma lâmpada em um abajur sem a cúpula, ou uma lanterna.

Como fazer

1. Pegue a bola de isopor, que fará o papel do planeta Terra, e faça uma linha central em torno dela, dividindo o globo ao meio. Esta representará a Linha do Equador.
2. Na extremidade norte da bola, faça um N para indicar o Polo Norte e, na extremidade sul, faça um S para indicar o Polo Sul.
3. Faça cinco tracinhos no Hemisfério Sul e cinco tracinhos no Hemisfério Norte, alinhando-os na direção de uma reta perpendicular à Linha do Equador. Escolha uma cor diferente para os tracinhos de cada hemisfério (ver imagem abaixo).
4. Coloque o palito de churrasco no Polo Sul. Ele será a haste que você utilizará para movimentar o planeta.
5. Realize uma volta completa do globo ao redor da lâmpada fazendo quatro paradas, uma a cada um quarto de volta.
6. A primeira parada é o ponto de partida. Segure a haste verticalmente e posicione o globo de forma que a fileira de tracinhos fique voltada para a lâmpada. Em seguida faça com a haste uma pequena inclinação apontando o Hemisfério Sul para a lâmpada. Mantenha sempre essa inclinação nas demais paradas.
7. Na segunda parada a haste deve permanecer inclinada na mesma direção que na parada anterior. Abaixe um pouco o globo até que os tracinhos dos hemisférios Norte e Sul estejam igualmente iluminados.
8. Na terceira parada, abaixe novamente o globo. Agora, os tracinhos localizados no Hemisfério Norte devem ficar mais iluminados que os do Hemisfério Sul.
9. Na quarta parada, levante o globo até que os tracinhos fiquem igualmente iluminados, como na segunda parada.

Registro dos resultados e conclusão

Nome: _____
Turma: _____ Data: _____/_____/_____

1 Na primeira parada, os traços mais iluminados recebem mais calor da fonte de luz ou menos? E o ponto menos iluminado?

_____
_____
_____
_____

2 Durante a primeira parada do experimento, quais traços estavam mais iluminados? Quais traços estavam menos iluminados? O que isso significa?

_____
_____
_____
_____

3 Durante a segunda parada do experimento, quais traços estavam mais iluminados? Quais traços estavam menos iluminados? O que isso significa?

_____
_____
_____
_____

4 Durante a terceira parada do experimento, quais traços estavam mais iluminados? Quais traços estavam menos iluminados? O que isso significa?

_____
_____
_____
_____

5 Durante a quarta parada do experimento, quais traços estavam mais iluminados? Quais traços estavam menos iluminados? O que isso significa?

_____
_____

6 Reveja suas hipóteses e compare-as com os resultados, conversando com os colegas sobre eles.

16. As fases da Lua

A Lua é o satélite natural da Terra, ou seja, é um astro que gira ao redor de nosso planeta. Uma volta completa, chamada ciclo lunar, demora pouco mais de 29 dias para se completar.

Geralmente, ao olharmos para o céu noturno podemos observá-la, mas em alguns dias ela está visível no período diurno. Seu aspecto vai se modificando a cada dia do ciclo lunar. Um dia vemos a Lua muito clara, já em outros apenas uma parte de sua superfície está clara. Esses aspectos são chamados fases da Lua.

Por que a Lua tem fases? Será que ela muda de formato? Levante suas hipóteses e anote-as.

Material:

- caixa de sapatos;
- bolinha de isopor um pouco menor que uma bola de pingue-pongue;
- tesoura sem ponta;
- fita adesiva.

Como fazer

1. Peça a um adulto que faça um orifício pequeno na lateral da caixa, por meio do qual seja possível olhar dentro dela.
2. Coloque a bolinha no centro da caixa e prenda-a com a fita adesiva. Feche completamente a caixa.
3. Olhe através do orifício e anote o que você conseguiu visualizar.
4. Olhe novamente pelo orifício e vá abrindo a tampa da caixa. Levante-a um pouco e deslize-a lentamente para o lado, até a abertura total.
5. Observe as mudanças que ocorrem e anote-as.
6. Continue olhando pelo orifício e vá fechando lentamente a caixa. Observe o que ocorre e anote.

Registro dos resultados e conclusão

Nome: _____
Turma: _____ Data: _____/_____/_____

1 Quando a caixa estava totalmente fechada, o que você conseguiu ver? Explique por que isso ocorreu.
_____
_____
_____
_____
_____

2 Quando você abriu a caixa lentamente, o que aconteceu? O que você visualizou nesse momento?
_____
_____
_____
_____
_____

3 Escreva um pequeno texto em que relacione as fases da Lua às mudanças ocorridas enquanto você abria e fechava a caixa lentamente.
_____
_____
_____
_____
_____
_____
_____

4 Reveja sua hipótese e compare-a com os resultados obtidos.
_____
_____
_____

17. Estrutura do planeta Terra

Você conhece a estrutura de nosso planeta? Quais são as principais regiões do interior da Terra? Monte o modelo a seguir e veja como podemos representar internamente nosso planeta em camadas.

Material:

- bola de isopor média;
- papel crepom nas cores azul, marrom e branca;
- tinta guache nas cores amarela, laranja e vermelha;
- pincel;
- caneta hidrocor azul;
- tesoura sem ponta;
- estilete;
- cola.

Como fazer

1. Reúna-se em grupo com alguns colegas.
2. Peçam a um adulto que corte uma parte da bola de isopor como na imagem, utilizando o estilete.
3. Com a caneta hidrocor azul façam o contorno na borda do corte para representar a crosta terrestre.
4. Pintem com a tinta guache amarela uma faixa mais externa dentro do corte para representar o manto.
5. Com a tinta laranja representem o núcleo externo, e com a tinta vermelha o núcleo interno. Se necessário, após secar a tinta, reforcem o contorno da crosta.
6. No resto do globo de isopor, colem o papel crepom azul.
7. Recortem o papel crepom marrom na forma dos continentes, colando-os sobre o papel crepom azul.
8. Cortem pedaços de papel branco para representar os polos Norte e Sul.

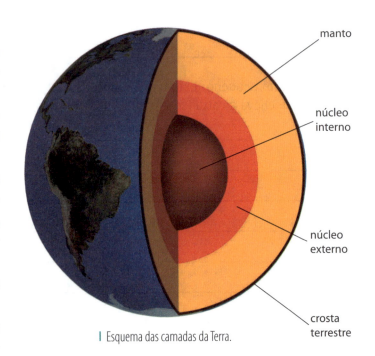

Esquema das camadas da Terra.

Registro dos resultados e conclusão

Nome: _____
Turma: _____ Data: _____/_____/_____

1 Faça um desenho de como ficou seu modelo.

2 Faça uma pesquisa para conhecer melhor as características das camadas de nosso planeta. Depois, com base na pesquisa e em seu modelo, descreva cada uma das partes do modelo que você fez.

_____
_____
_____
_____
_____
_____
_____
_____
_____

18. Queda livre

Quando soltamos objetos, eles caem sempre em direção ao chão. Você sabe por que isso acontece? Você acha que a massa dos objetos influencia no tempo que eles levam para atingir o chão? Levante hipóteses e anote-as.

Material:

- livro;
- folha de papel;
- 2 garrafas PET de 2 L com tampa;
- água.

Como fazer

Procedimento 1

1. Reúna-se em grupo com alguns colegas.
2. Escolham um dos integrantes para segurar o livro em uma das mãos e a folha na outra, ambos apoiados nas palmas das mãos.
3. Orientem-no a soltar os dois objetos de uma mesma altura e ao mesmo tempo. Observem os objetos cair e vejam qual chega ao chão primeiro.
4. Repitam o processo com a folha em cima do livro. Observem o que ocorre.
5. Amassem a folha de papel e repitam o processo.
6. Observem os objetos caindo e vejam se há diferença entre este caso e os anteriores.

Procedimento 2

1. Encham uma das garrafas plásticas com água e tampem-na.
2. Encham a outra garrafa com apenas metade de água. Tampem-na.
3. Escolham um dos integrantes para subir em uma escada ou em algum lugar mais alto e soltar as duas garrafas ao mesmo tempo. Nesse momento, certifiquem-se de que não haja ninguém próximo demais a ponto de ser atingido pelas garrafas.
4. Prestem atenção no som dos dois objetos caindo no chão. Reparem se eles chegam juntos ou separados ao chão.

Registro dos resultados e conclusão

Nome: _____

Turma: _____ Data: _____/_____/_____

1 Quais foram os resultados do procedimento 1? Os materiais levaram o mesmo tempo para atingir o chão? Explique.

_____
_____
_____
_____
_____
_____
_____
_____

2 No procedimento 2 as garrafas levaram o mesmo tempo para atingir o chão? Por que isso acontece?

_____
_____
_____
_____
_____
_____
_____

3 O que provoca a queda dos corpos nas proximidades da Terra? Explique em um texto curto como isso ocorre, lembrando-se de utilizar os experimentos como exemplos.

_____
_____
_____
_____
_____
_____
_____
_____

19. Condução de eletricidade

A eletricidade é muito importante em nosso cotidiano, pois grande parte dos equipamentos que usamos precisam dela para funcionar. Será que todo material conduz eletricidade? Nesse experimento você testará alguns materiais.

Material:

- pilha AA;
- 3 pedaços de aproximadamente 10 cm de fios finos e encapados;
- lâmpada pequena (se possível, com soquete);
- fita isolante;
- papel-alumínio;
- moeda;
- régua de acrílico;
- copo plástico;
- borracha;
- clipe metálico;
- lápis;
- parafuso.

Como fazer

Atenção! Faça todos os procedimentos com o auxílio de um adulto.

1. Peça a um adulto que desencape cerca de 2 cm em cada extremidade de todos os fios.
2. Coloque uma das pontas desencapadas do primeiro pedaço de fio em um dos polos da pilha e fixe-a com fita isolante.
3. Fixe a outra ponta desse fio na parte metálica da lâmpada ou no soquete. No outro lado da lâmpada ou do soquete, fixe o segundo pedaço de fio, deixando a outra ponta livre.
4. Fixe, então, com fita isolante, o terceiro pedaço de fio no outro polo da pilha e deixe a outra extremidade livre.
5. Agora que você está com seu circuito pronto, vamos testar os objetos e ver se eles conduzem eletricidade. Encoste as duas pontas livres do fio ao mesmo tempo em um dos materiais a serem testados e observe se a lâmpada acende.
6. Repita esse processo para todos os materiais disponíveis.

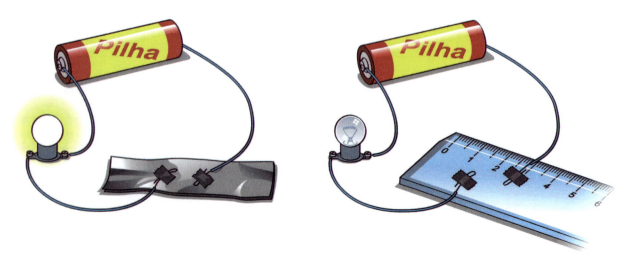

Registro dos resultados e conclusão

Nome: _____
Turma: _____ Data: _____ / _____ / _____

1 No quadro a seguir, faça um X na coluna que representa o resultado de cada teste feito no experimento.

Material	Lâmpada acesa	Lâmpada apagada	Material	Lâmpada acesa	Lâmpada apagada
papel-alumínio			borracha		
moeda			clipe metálico		
régua de acrílico			lápis		
copo plástico			parafuso		

2 Por que alguns materiais fizeram a luz acender e outros não? Quais características dos objetos testados contribuem para isso?

_____
_____
_____
_____

3 Qual é a utilidade de materiais que conduzem eletricidade? Cite pelo menos dois exemplos.

_____
_____
_____
_____
_____
_____

4 Os materiais que isolam correntes elétricas são empregados em quais situações? Cite pelo menos dois exemplos.

_____
_____
_____

5 Compare suas hipóteses iniciais com o que observou no experimento. Depois, informe os resultados a seus colegas e ouça o que eles têm a dizer.

20. Telégrafo

O telégrafo é um equipamento utilizado para a transmissão de mensagens em longa distância. Desenvolvido com base em fenômenos do eletromagnetismo, esse equipamento era mais utilizado antes da invenção dos telefones.

Vamos construir um modelo que representa o funcionamento do telégrafo?

Material:

- pedaço plano de madeira para servir de base, com pelo menos 20 cm de lado;
- grampo de pasta metálico;
- 2 pilhas do tipo AA;
- fita adesiva;
- fita isolante;
- 2 percevejos metálicos;
- cerca de 1 m de fio elétrico fino e encapado;
- prego grande.

Como fazer

1. Peça a um adulto que fixe o prego em um dos cantos da madeira.
2. Enrole o fio em volta do prego deixando cerca de 10 cm de fio solto na parte de cima do prego e 15 cm na parte de baixo, depois corte-o.
3. Peça a um adulto que desencape cerca de 2 cm em cada extremidade do fio (fio 1).
4. Dobre o grampo de pasta, de forma que uma das pontas fique cerca de 1 cm acima do prego.
5. Peça a ajuda de um adulto para fixar o grampo de pasta na madeira com o percevejo (percevejo 1).

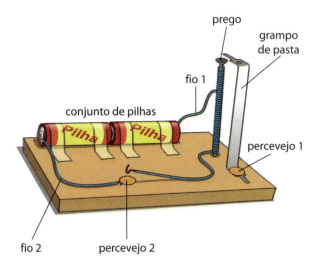

6. Junte as pilhas de forma que o polo positivo de uma delas toque o negativo da outra. Fixe-as com fita adesiva e, depois, fixe o conjunto na madeira.
7. Com fita isolante, fixe uma das extremidades livres do fio 1 em um dos polos livres do conjunto de pilhas.
8. Corte 15 cm de fio e peça a um adulto que desencape cerca de 2 cm em cada extremidade (fio 2).
9. Com fita isolante, fixe uma das extremidades do fio 2 no polo livre do conjunto de pilhas.
10. Peça a um adulto que enrole a outra ponta livre do fio 2 em um percevejo (percevejo 2) e, depois, fixe-o na madeira.
11. Para o modelo funcionar é necessário fechar o circuito. Para isso, encoste a ponta livre do fio 1 no percevejo 2 e veja o que acontece.
12. Abra e feche seu circuito várias vezes e veja o que acontece.

Registro dos resultados e conclusão

Nome: _____

Turma: _____ Data: _____ / _____ / _____

1 O que ocorreu ao fechar o circuito? Explique.

_____
_____
_____
_____
_____

2 Isso também ocorre quando o circuito está aberto? Justifique sua resposta.

_____
_____
_____
_____

3 Como você acha que o telégrafo funcionava para realizar a comunicação? Faça uma pesquisa breve sobre esse assunto, registre as informações abaixo e compartilhe-as com os colegas e o professor.

_____
_____
_____
_____
_____
_____
_____
_____
_____
_____
_____